BEI GRIN MACHT SICH IHR WISSEN BEZAHLT

Auswirkungen der sozialen Ungleichheit auf die Rechtswirklichkeit von Strafe. Das Beispiel der Ersatzfreiheitsstrafe

Valeria Krötz

Bibliografische Information der Deutschen Nationalbibliothek:

Die Deutsche Nationalbibliothek verzeichnet diese Publikation in der Deutschen Nationalbibliografie; detaillierte bibliografische Daten sind im Internet über http://dnb.d-nb.de abrufbar.

ISBN: 9783346463692
Dieses Buch ist auch als E-Book erhältlich.

Druck und Bindung: Books on Demand GmbH, Norderstedt Germany
Gedruckt auf säurefreiem Papier aus verantwortungsvollen Quellen

Das vorliegende Werk wurde sorgfältig erarbeitet. Dennoch übernehmen Autoren und Verlag für die Richtigkeit von Angaben, Hinweisen, Links und Ratschlägen sowie eventuelle Druckfehler keine Haftung.

Das Buch bei GRIN: https://www.grin.com/document/1042556

Auswirkungen der sozialen Ungleichheit
auf die Rechtswirklichkeit von Strafe am Beispiel der Ersatzfreiheitsstrafe

Seminararbeit im Pflichtmodul

Rechtsberatung für Gefangene als Legal Clinic II

im Schwerpunkt Grundlagen des Rechts

Wintersemester 2020/2021

Inhaltsverzeichnis

I

Literaturverzeichnis

Abels, Heinz/
König, Alexandra

Sozialisation,
2. Auflage, Wiesbaden 2016

Bendel, Klaus

Soziologie für die Soziale Arbeit,
2. Auflage, Baden-Baden 2020,

Bögelein, Nicole

Deutungsmuster von Strafe –
Eine strafsoziologische Untersuchung
am Beispiel der Geldstrafe, Wiesbaden 2016

Bögelein, Nicole/
Ernst, André/
Neubacher, Frank

Vermeidung von Ersatzfreiheitsstrafen –
Evaluierung justizieller Haftvermeidungsprojekte
in Nordrhein-Westfalen, Baden-Baden 2013

Bögelein, Nicole/
Glaubitz, Christoffer/
Neumann, Merten/
Kamieth, Josefine

Bestandsaufnahme der Ersatzfreiheitsstrafe in
Mecklenburg-Vorpommern –
An inventory of imprisonment for default of
payment in Mecklenburg-West Pomerania,
in: MschrKrim 2019 S. 282-296

Bolte, Karl Martin/
Hradil, Stefan

Soziale Ungleichheit in der Bundesrepublik
Deutschland, 6. Auflage, Opladen 1988

Boulanger, Christian/
Rosenstock, Claudia/
Singelnstein, Tobias

Interdisziplinäre Rechtsforschung –
Eine Einführung in die geistes- und sozial-
wissenschaftliche Befassung mit dem Recht und
seiner Praxis, in: Zeitschrift für
Rechtssoziologie 2019, S. 341-347

Buchstein, Hubertus/
Klingsporn, Lisa

Otto Kirchheimer – Gesammelte Schriften, 3. Band:
Kriminologische Schriften, Baden-Baden 2019

Clune, William	Law in action and law on the books: A primer, New Legal Realism 2013, http://newlegalrealism.org/2013/06/12/law-in-action-and-law-on-the-books-a-primer/, (zuletzt aufgerufen am 18.04.2021)
Doller, Hans	Reststrafenaussetzung bei mehreren Freiheitsstrafen, Zeitschrift für Rechtspolitik 1978, S. 55-59
Frister, Helmut	Strafrecht – Allgemeiner Teil, 8. Auflage, München 2018
Graf, Jürgen	Beck'scher Online Kommentar zur Strafprozessordnung, 39. Edition, München 2021
Greiffenhagen, Martin/ Greiffenhagen, Sylvia/ Neller K.	Handwörterbuch zur politischen Kultur der Bundesrepublik Deutschland, 2. Auflage, Wiesbaden 2002
Gropp, Walter/ Sinn, Arndt	Strafrecht Allgemeiner Teil, 5. Auflage, Berlin 2020
Grundmann, Matthias	Sozialisation, Stuttgart 2006
Hilgendorf, Eric/ Valerius, Brian	Strafrecht Allgemeiner Teil, 2. Auflage, München 2015
Hradil, Stefan	Deutsche Verhältnisse – Eine Sozialkunde, Frankfurt 2013
Huinik, Johannes/ Schröder, Torsten	Sozialstruktur Deutschlands, 2. Auflage, Stuttgart 2014
Kett-Straub, Gabriele/ Kudlich, Hans	Sanktionsrecht, München 2017

Kindhäuser, Urs/ **Neumann, Ulfrid/** **Paeffgen, Hans-Ullrich**	Kommentar zum Strafgesetzbuch, 5. Auflage, Baden-Baden 2017 (zit.: NK-StGB/*Bearbeiter*)
Korte, Hermann/ **Schäfers, Bernhard**	Einführung in Hauptbegriffe der Soziologie, 6. Auflage, Wiesbaden 2006
Kunz, Karl-Ludwig/ **Mona, Martino**	Rechtsphilosophie, Rechtstheorie, Rechtssoziologie – Eine Einführung in die theoretischen Grundlagen der Rechtswissenschaft, 2. Auflage, Bern 2015
Lackner, Karl/ **Kühl, Kristian**	Kommentar zum Strafgesetzbuch, 29. Auflage, München 2018
Lorenz, Henning/ **Sebastian, Sascha**	Drei Überlegungen zur Entkriminalisierung des Schwarzfahrens, in: KriPoz 2017, S. 352-357
Maelicke, Bernd/ **Suhling, Stefan**	Das Gefängnis auf dem Prüfstand – Zustand und Zukunft des Strafvollzugs, Wiesbaden 2018
Marx, Karl/ **Engels, Friedrich**	Das kommunistische Manifest, München 2009 (Basierend auf der Erstausgabe aus dem Jahr 1848)
Meier, Bernd-Dieter	Strafrechtliche Sanktionen, 5. Auflage, Berlin 2019
Michael, Arndt/ **Baumann, Marcel**	Indien verstehen – Thesen, Reflexionen und Annäherungen an Religion, Gesellschaft und Politik, Wiesbaden 2016
Müller-Foti, Gisella/ **Robertz, Frank/** **Schildbach, Sebastian/** **Wickenhäuser, Ruben**	Punishing the disoriented? Medical and criminological implications of incarcerating patients with mental disorders for failing to pay a fine, in: International Journal of Prisoner Health 2007, S. 87-97

Müller, Carsten/ **Mühler, Eric/** **Birgmeier, Bernd**	Soziale Arbeit in der Ökonomisierungsfalle? Wiesbaden 2016
Münchener Kommentar	Münchener Kommentar zum Strafgesetzbuch Band 2: §§ 38-79b, 4. Auflage, München 2020
Pollack, Detlef	Religion und gesellschaftliche Differenzierung: Studien zum religiösen Wandel in Europa und den USA, Tübingen 2016
Rehbinder, Manfred	Rechtssoziologie, 8. Auflage, München 2014
Rusche, Georg/ **Kirchheimer, Otto**	Punishment and Social Structure, New York 1939
Scherr, Albert	Soziologische Basics – Eine Einführung in für pädagogische und soziale Berufe, 3. Auflage, Wiesbaden 2016
Schönke, Adolf/ **Schröder, Horst**	Kommentar zum Strafgesetzbuch, 30. Auflage München 2019
Solga, Heike/ **Berger, Peter A./** **Powell, Justin**	Soziale Ungleichheit – Kein Schnee von gestern! Eine Einführung, in: Soziale Ungleichheit: Klassische Texte zur Sozialstrukturanalyse, Frankfurt 2009, S. 11-45
Statistisches Bundesamt	Rechtspflege: Bestand der Gefangenen und Verwahrten in den deutschen Justizvollzugsanstalten nach ihrer Unterbringung auf Haftplätzen des geschlossenen und offenen Vollzugs, Wiesbaden 2019,

V

	https://www.statistischebibliothek.de/mir/receive/D EHeft_mods_00130744, (zuletzt aufgerufen am 14.04.2021)
Statistisches Bundesamt	Rechtspflege: Strafverfolgung – Fachserie 10, Reihe 3, Wiesbaden 2019, https://www.destatis.de/DE/Themen/Staat/Justiz-Rechtspflege/Publikationen/Downloads-Strafverfolgung-Strafvollzug/strafverfolgung-2100300197004.pdf?__blob=publicationFile, (zuletzt aufgerufen am 14.04.2021)
Thürriedl, Katharina	Soziale Ungleichheit und Bildung – Reinhard Kreckel und Pierre Bourdieu im Vergleich, in: Soziologiemagazin 2012, S. 20-31
v. Heintschell-Heinegg, Bernd	Beck'scher Online-Kommentar zum StGB, 48. Edition, München 2020.
Vester, Heinz-Günther	Kompendium der Soziologie I: Grundbegriffe, Wiesbaden 2009
Wilde, Frank	Armut und Strafe – zur strafverschärfenden Wirkung von Armut im deutschen Strafrecht, Wiesbaden 2016

Abkürzungsverzeichnis

Soweit die Abkürzungen nicht in den Fußnoten besonders erläutert sind, wird verwiesen auf:

Kirchner, Hildebert / Pannier, Dietrich, Abkürzungsverzeichnis der Rechtssprache,

9. Auflage, Berlin 2018

A. Einleitung

Im Gegensatz zu anderen Organismen ist der Mensch ein organisch unspezifiziertes Lebewesen, dessen Überleben in der Umwelt an besondere Voraussetzungen geknüpft ist: Es ist vor allem ein soziales Umfeld erforderlich, aus dem er sich entfalten, entwickeln und durch die Interaktion mit anderen zusammen zu Gemeinschaften und Gesellschaften schließen kann.[3] Durch soziale Wechselwirkung wird der Mensch zum Individuum, welches sich durch seine Eigenschaften und Eigenarten von anderen unterscheidet.[4] Diese Unterscheidungen können in der Umwelt Vor- oder Nachteile bringen, die sich dann in Form von natürlichen, etwa auf dem äußeren Erscheinungsbild beruhend, oder individuellen Ungleichheiten durch unterschiedliche Persönlichkeitseigenschaften zeigen.

Von diesen abzugrenzen ist die soziale Ungleichheit, als eine Verschiedenheit die im Bereich sozialer Gegebenheiten stattfindet.[5] ,Soziale' Ungleichheit umfasst und wirkt sich auf unterschiedliche Bereiche des gesellschaftlichen Zusammenlebens aus. Als zentrales Beispiel gilt die Einkommens-und Vermögensungleichverteilung, welche die Kluft zwischen der ärmeren und wohlhabenderen Bevölkerung erweitert und soziale Benachteiligungen und Ausgrenzungen produziert. Diese soziale Benachteiligung äußert sich empirischen Untersuchungen zufolge auch im Rechtssystem, in welchem gehäuft Menschen aus ärmeren Verhältnissen des kriminellen Verhaltens verdächtigt, angezeigt, in Strafverfahren beschuldigt und verurteilt werden.[6] Im öffentlichen Diskurs steht vor allem die Ersatzfreiheitsstrafe, deren Vollstreckung erfolgt, wenn verurteilte Personen nicht in der Lage sind eine ursprüngliche Geldstrafe zu begleichen. Betroffen sind vor allem finanziell schwächer gestellte Personen, die sich nach Haftentlassung in einer finanziell ungünstigen Lage befinden.

Diese Seminararbeit wird am Beispiel der Ersatzfreiheitsstrafe klären, inwieweit soziale Ungleichheit eine Ungleichheit in der Rechtswirklichkeit von Strafe nach sich zieht. Dabei ist es erforderlich einen Zugang zu den zentralen Begrifflichkeiten ,soziale Ungleichheit' und ,Rechtswirklichkeit' sowie deren theoretischen Grundlagen zu schaffen. Die Rechtswirklichkeit erfasst aus rechtssoziologischer Sicht ein breites Spektrum, weshalb sich diese im Verlauf der Arbeit auf die Wirkung des Rechts im Bereich der Strafvollstreckung und des Strafvollzuges konzentrieren wird. Im Anschluss werden die Auswirkungen der sozialen Ungleichheit auf die Rechtswirklichkeit von Ersatzfreiheitsstrafe beleuchtet. Auf etwaige Alternativen zur Ersatzfreiheitsstrafe wird im Rahmen dieser Arbeit allerdings nicht vertieft eingegangen. Zur Untersuchung werden Ergebnisse

---

[3] Vester, Kompendium der Soziologie I, S. 25; Grundmann, Sozialisation, S. 21.
[4] Abels/König, Sozialisation, S. 3.
[5] Solga/Berger/Powell, Soziale Ungleichheit – Kein Schnee von gestern, S. 16.
[6] Hradil, Deutsche Verhältnisse, S. 172.

1

vergangener Forschungen, Daten des statistischen Bundesamts und ein Fallbeispiel herangezogen, welches die Geld- und Ersatzfreiheitsstrafe gegenüberstellt.

B.   Theoretische Grundlagen

Die theoretischen Grundlagen geben im Folgenden einen einführenden Einblick in die Thematik der sozialen Ungleichheit und der Rechtswirklichkeit von Strafe.

I.   Soziale Ungleichheit

Obwohl sich die Gesellschaft im stetigen Wandel befindet, konnte die Existenz der sozialen Ungleichheit dennoch in jeder bekannten Gesellschaftsform nachgewiesen werden: Soziale Ungleichheit erscheint daher als eine naturgegebene und zugleich sozial erzeugte Tatsache[7], die sich in ihrer Bedeutung und Erscheinung an die gesellschaftlichen Verhältnisse anpasst und verändert.[8] Nach einer Erläuterung des Begriffes, werden im weiteren Verlauf die unterschiedlichen Elemente der sozialen Ungleichheit sowie deren Folgen erörtert.

1.   Begriffsbestimmung

Soziale Ungleichheit wurde nicht immer als eine solche bezeichnet: In der Antike hat Aristoteles die Unterdrückung des weiblichen Geschlechts, die auf ungleichen Herrschaftsverhältnissen beruhte als ‚biologische Ungleichheit' bezeichnet und mit der vorteilhaften körperlichen Beschaffenheit des Mannes gerechtfertigt.[9] Auch im Mittelalter war das weibliche Geschlecht patriarchalischen Strukturen unterworfen. Allerdings hatte sich ein sukzessiver gesellschaftlicher Wandel ereignet, der den Glauben an Gott und die katholische Kirche in den Mittelpunkt stellte. Die Ständeordnung führte zu einer Zweiteilung der Gesellschaft, weshalb die ungleichen Herrschaftsstrukturen zwischen Adel und Klerus dem Willen Gottes entsprachen und somit eine ‚natürliche Ungleichheit' darstellten.[10] Noch heute hat eine solche Ständeordnung in vielen Religionen Bestand, u.a. im hinduistischen Kastenwesen.[11] Mit dem Beginn der Aufklärung ereignete sich ein religiöser Umbruch, durch den die katholische Kirche an politischer und materieller Herrschaftsmacht verlor.[12] In dieser Zeit erkannte u.a. Jean-Jaques Rousseau, dass diese Ungleichheit weder biologischen noch gottgegebenen Ursprunges, sondern ein Produkt der Gesellschaft, also eine ‚soziale Ungleichheit' ist.[13]

---

[7] Greiffenhagen/Greiffenhagen/Neller/*Georg*, Handwörterbuch BRD, S. 567.
[8] Marx/Engels, Das kommunistische Manifest, S. 47.
[9] Bolte/Hradil, soziale Ungleichheit in der Bundesrepublik, S. 36.
[10] Bolte/Hradil, soziale Ungleichheit in der Bundesrepublik, S. 37.
[11] Michael/Baumann/*Schlegel*, Indien verstehen, S. 277.
[12] Pollack, Religion und gesellschaftliche Differenzierung, S. 149.
[13] Solga/Berger/Powell, Soziale Ungleichheit – Kein Schnee von gestern, S. 11.

Der Begriff hat sich vom Zeitalter der Aufklärung an durchsetzen können und bezeichnet heute gesellschaftlich hervorgebrachte, strukturell verankerte Ungleichheiten der Lebensbedingungen, die in unterschiedlichem Ausmaß erlauben, in der Gesellschaft allgemein anerkannte Lebensziele zu verwirklichen.[14] Durch den Zusammenschluss zu Gemeinschaften und Gesellschaften nimmt jedes Individuum im Laufe seines Lebens bestimmte Positionen innerhalb sozialer Gebilde ein, etwa in Familien, im Bildungssystem oder auf dem Arbeitsmarkt, denen einerseits Aufgaben und Erwartungen und andererseits bestimmten Mitteln, wie Einkommen oder Macht zugeordnet sind. So haben beispielsweise Sachbearbeiter als auch deren Vorgesetzte gemeinsam, dass sie dem sozialen Gebilde des Unternehmens angehören.[15] Durch die hierarchischen Strukturen unterscheiden sie sich allerdings in ihren Aufgaben und sind daher anderen Sozialkategorien zugehörig. Diese Sozialkategorien sind wiederum an bestimmte Lebensbedingungen geknüpft, die dem Menschen Vor- oder Nachteile für die Verwirklichung seiner Ziele erbringen. Geeignete Lebensbedingungen, sind solche, die über einen gesellschaftlichen Wert verfügen und deshalb ein begehrtes Gut darstellen, wie etwa der Bildungsgrad einer Person oder das Erwerbseinkommen berufstätiger Menschen.[16] Solche Güter bestimmen die Lebensumstände einer Person und bewirken damit eine Besser- oder Schlechterstellung gegenüber anderen Gesellschaftsmitgliedern im System. Sobald diese Ressourcen in der Gesellschaft ungleich verteilt sind ist von einer ,Verteilungsungleichheit' die Rede, etwa bei ungleichen Einkommensverhältnissen oder Arbeitsbedingungen.[17] Davon abzugrenzen ist die ,Chancenungleichheit', die bestimmten Bevölkerungsgruppen über- oder unterdurchschnittlich hohe Möglichkeiten zum Zugang begehrter sozialer Positionen oder Ressourcen verschafft. Beispielhaft ist hierfür die Erzielung höherer Bildungsabschlüsse bei Kindern mit Migrationshintergrund. Sowohl Verteilungs-, als auch Chancengleichheit sind unabhängig voneinander, so dass zum Beispiel die Zunahme von Bildungsabschlüssen nicht zwangsläufig eine Chancenungleichheit in- und ausländischer Kinder zur Folge hat.

2. Dimensionen

Im Laufe der Menschheitsgeschichte hat soziale Ungleichheit viele Erscheinungsformen angenommen. Die Vielfalt dieser Erscheinungsformen wird in Dimensionen gebündelt, also persönliche oder strukturbedingte Merkmale, welche die Erscheinungsformen ungleicher Lebens- und

---

[14] Huinik/Schröder, Sozialstruktur Deutschlands, S. 97.
[15] Solga/Berger/Powell, Soziale Ungleichheit – Kein Schnee von gestern, S. 14.
[16] Hradil, Deutsche Verhältnisse, S. 153.
[17] Korte/Schäfers/*Hradil*, Einführung in Hauptbegriffe der Soziologie, S. 208.

Handlungsbedingungen der Menschen charakterisieren.[18] Es lassen sich bestimmte Grunddimensionen ermitteln, in denen die Lebensbedingungen der Menschen schon immer ausgedrückt wurden: Dazuu gehören sowohl die Macht als auch der materielle Wohlstand und das Ansehen. Mit dem Wandel in die postindustrielle Gesellschaft ist auch Bildung als weitere wichtige Grunddimensionen hinzugekommen, da ein qualifizierter Bildungsabschluss heute eine Voraussetzung für die Erzielung angesehener beruflicher Positionen darstellt, welche wiederum mit materiellem Wohlstand einhergeht.[19] Gegenwärtig werden auch weitere Dimensionen als wesentlich erachtet, dazu zählen beispielsweise Gesundheits-, Arbeits-, Wohn- und Umweltbedingungen aber auch Faktoren, wie soziale Sicherheit und Ungleichbehandlungen.[20] Allgemein kann festgestellt werden, dass die Dimensionen grundsätzlich aufeinander einwirken und miteinander verflochten sind, weshalb sie nicht getrennt voneinander betrachtet werden können. So kann die Bildung eines Menschen etwa zum materiellen Wohlstand, höherem Ansehen oder Macht in der Gesellschaft führen und somit auch bessere Gesundheits-, oder Wohnbedingungen zur Folge haben.

3.   Determinanten und Ursachen

Wenn soziale Ungleichheit ein gesellschaftliches Produkt darstellt, müssten auch ihre Ursachen auf gesellschaftliche Prozesse zurückzuführen sein. In diesem Kontext ist es zunächst erforderlich sich mit einem weiteren Strukturelement, den Determinanten der sozialen Ungleichheit zu befassen. Darunter sind sozialstrukturelle Merkmale zu verstehen, die ursächlich für Vor- oder Nachteile in bestimmten Handlungs- und Lebensbedingungen sein können.[21] Hierzu zählen u.a. der Beruf, das Alter, der Wohnort oder das Geschlecht, die zunächst reine Klassifikationsmerkmale darstellen und für sich gesehen aber noch keine Ungleichheit ausdrücken können. Zu Determinanten werden diese Merkmale erst, wenn sie über soziale Prozesse systematisch vermittelt mit Vor- oder Nachteilen verbunden werden und je nach Ausprägung günstige oder weniger günstige Lebensbedingungen nach sich ziehen.[22] So begründet beispielsweise das Merkmal ‚Geschlecht' noch keine Vor- oder Nachteile, welche die unterschiedlichen Einkommensverhältnisse zwischen Frauen und Männern rechtfertigen könnte. Stattdessen sind soziale Prozesse, wie geschlechterspezifische Machtverhältnisse, Rollenbilder oder gesellschaftliche Erwartungen sowie eine dem Geschlecht hierdurch zugeordnete Statusposition für die unterschiedlichen Einkommensverhältnisse verantwortlich.[23] Gleichwohl bedeutet es auch, dass Menschen die Zuordnung dieser Merkmale in

---

[18] Huinik/Schröder, Sozialstruktur Deutschlands, S. 106; Hradil, Deutsche Verhältnisse, S. 154.
[19] Korte/Schäfers/*Hradil*, Einführung in Hauptbegriffe der Soziologie, S. 250.
[20] Bendel, Soziologie für die Soziale Arbeit, S. 182.
[21] Huinik/Schröder, Sozialstruktur Deutschlands, S. 106.
[22] Solga/Berger/Powell, soziale Ungleichheit – Kein Schnee von gestern, S. 19.
[23] Bendel, Soziologie für die Soziale Arbeit, S. 183.

bestimmte soziale Positionen durch veränderte Verhaltensweisen oder andersartige soziale Beziehungen außer Kraft setzen können.[24] An dieser Stelle wird auf die unterschiedlichen theoretischen Ansätze zur tiefergehenden Erklärung der sozialen Ungleichheit nicht weiter Bezug genommen. Weitere Ursachen, die die Strukturen sozialer Ungleichheit entstehen oder bestehen lassen sind solche, die nicht aufgrund sozialer Merkmale gerechtfertigt werden können, sondern auf Basis von Prozessen sozialer Privilegierung bzw. sozialer Diskriminierung stattfinden. Unter Diskriminierung wird die Unterscheidung der vermeintlichen Verhaltensweisen sozialer Gruppen oder Personen verstanden.[25] Dabei werden bestimmte Individuen als Angehörige dieser sozialen Gruppen gesehen, denen spezifische Eigenschaften zugeschrieben werden und auf deren Grundlage soziale Ungleichheit legitimiert wird.[26] Die Unterscheidung erfolgt durch Zuschreibungen von Eigenschaften, welche u.a. die soziale Herkunft und Lebenslage, geschlechtliche Identitäten, sexuelle Orientierungen, Ethnien, Weltanschauungen sowie die körperliche Verfassung von Menschen betreffen können. Ziel dieser Zuschreibungen ist es das Prinzip der Gleichheit und Gleichberechtigung aller Individuen außer Kraft zu setzen und somit Chancenungleichheit durch die Erschwerung des Zugangs zu ökonomischen, kulturellen und sozialen Ressourcen zu legitimieren.[27] Diskriminierungen führen hingegen gleichzeitig zu Privilegierung anderer Individuen, etwa durch den erleichterten Zugang zu Gütern, die für diese auch bessere Lebensbedingungen zur Folge haben.

4.   Folgen der sozialen Ungleichheit

Auf Basis der vorherigen Ausführungen werden die Folgen der sozialen Ungleichheit anhand von ungleichen Einkommensverhältnissen dargestellt. In einer marktwirtschaftlich organisierten Gesellschaft bilden Einkommen und Vermögen die wesentliche Grundlage für materiellen Wohlstand.[28] Nahezu alle Bedürfnisse lassen sich heute mit Geld befriedigen, weshalb das verfügbare Einkommen und Vermögen zu einem erheblichen Grad am Wohlbefinden der Menschen beteiligt ist. So bestimmen unterschiedliche Einkommensverhältnisse weitestgehend deren Lebensbedingungen und Verwirklichungschancen. Problematisch ist, dass mit der steigenden Bedeutung materieller Ressourcen auch ein Mangel ebendieser einhergeht und somit unweigerlich zu erhöhten Ungleichheiten innerhalb der Gesellschaft führt. Hierfür sorgt nicht zuletzt der technologische Fortschritt, der sowohl auf nationaler als auch auf internationaler Ebene für immer mehr Menschen mit dem Verlust des Arbeitsplatzes verbunden ist.

---

[24] Solga/Berger/Powell, soziale Ungleichheit – Kein Schnee von gestern, S. 18.
[25] Solga/Berger/Powell, soziale Ungleichheit – Kein Schnee von gestern, S. 20.
[26] Scherr/*Hormel/Scherr*, Soziologische Basics, S. 303 f.
[27] Scherr/*Hormel/Scherr*, Soziologische Basics, S. 304; Bendel, Soziologie für die Soziale Arbeit, S. 184.
[28] Hradil, Deutsche Verhältnisse, S. 164.

Obwohl Deutschland im Weltmaßstab zu den wohlhabendsten Ländern der Erde zählt, ist auch dieses von einer Einkommensungleichheit innerhalb der Bevölkerung betroffen: So besitzen 10 % der deutschen Bevölkerung mehr als 50 % des gesamten Nettovermögens[29], während 18,7 % der Menschen im Jahr 2018 von Armut oder sozialer Ausgrenzung betroffen waren.[30] Nach dem von der EU gesetzten Standard liegt die Armutsgrenze bei 60 % des mittleren bedarfsgewichteten Einkommens der Bevölkerung in Privathaushalten, weswegen diejenigen Personen die in Deutschland weniger als 13.628 Euro im Jahr verdienen als ‚armutsgefährdet' gelten.[31] Von diesem Armutsrisiko sind vor allem Alleinerziehende oder (Langzeits-) Arbeitslose betroffen. Als Langzeitsarbeitslos gelten alle Personen i.S.d. § 18 Abs. 1 SGB III, die ein Jahr und länger arbeitslos sind.

Nicht nur sie, sondern auch ihre Nachkommen sind infolge der mangelnden materiellen Ressourcen ebenso von Chancenungleichheiten im Bildungssystem, auf dem Arbeitsmarkt, im Berufsleben und sogar im Gesundheitssystem betroffen. Wird eine Gesellschaft immer ungleicher, dominieren die negativen Folgen, weshalb die Lage im jeweiligen Land instabiler wird: So neigt die Bevölkerung vermehrt zu psychischen Erkrankungen, wie Alkohol- oder Drogensucht, Fettleibigkeit oder weist insgesamt eine geringe Lebenserwartung auf.[32] Zudem nimmt das Vertrauen in die Politik ab, während Gewalt, Korruption und die Anzahl der Gefängnisstrafen innerhalb der Gesellschaft steigen.[33] Grundsätzlich wird Ungleichheit als Form der sozialen Differenzierung in der Gesellschaft erkannt und legitimiert, solange sie nicht in einen Zustand der ‚Ungerechtigkeit' ausartet und soziale Benachteiligungen fördert.[34]

II.   Rechtswirklichkeit von Strafe

Der Erforschung der Rechtswirklichkeit widmet sich die Rechtssoziologie, die das Recht als gesellschaftlichen Prozess begreift und sich mit dessen Geltung, seines Daseins als Teil der gesellschaftlichen Wirklichkeit und als gestaltender Faktor der Lebenspraxis der Menschen befasst.[35] Auf den ersten Blick erscheint es daher widersprüchlich sich mit der Rechtswirklichkeit von Strafe in einem theoretischen Kapitel auseinanderzusetzen oder diese darin zu verorten. Das Ziel dieses Unterkapitels besteht deswegen darin, den Begriff der Rechtswirklichkeit in den Kontext der Strafe zu integrieren, die wiederum eine tiefergehende Befassung mit der rechttheoretischen Thematik erfordert. Diese rechtliche Thematik beschränkt sich ausschließlich auf das deutsche

---

[29] Stockhausen/Niehues, iW-Kurzbericht 81/2019, S. 2.
[30] Statistisches Bundesamt/*Rudnicka*, https://de.statista.com/themen/120/armut-in-deutschland/ (04.12.2020).
[31] Statistisches Bundesamt/*Rudnicka*, https://de.statista.com/themen/120/armut-in-deutschland/ (04.12.2020).
[32] Müller/Mührel/Birgmeier, Soziale Arbeit in der Ökonomisierungsfalle, S. 111 f.
[33] Müller/Mührel/Birgmeier, Soziale Arbeit in der Ökonomisierungsfalle, S. 115.
[34] Korte/Schäfers/*Hradil*, Einführung in Hauptbegriffe der Soziologie, S. 249.
[35] Kunz/Mona, Rechtsphilosophie, Rechtstheorie, Rechtssoziologie, Rn. 25.

Strafen-System, wobei der Fokus dieser Ausführungen auf der Geld- und Ersatzfreiheitsstrafe liegen wird.

1. Begriff der Rechtswirklichkeit

Das juristische Studium ist bis zum ersten Staatsexamen grundsätzlich darauf ausgelegt den Studierenden die Summe aller geltenden Rechtsnormen anhand von Fällen und Büchern zu vermitteln.[36] Erst im Referendariat wird vielen durch längere praktische Erfahrung bewusst, dass es außerhalb dieser Rechtsnormen eine Realität gibt, in der diese angewendet, umgesetzt oder eingehalten werden und die eine Wirkung auf Rechtsbetroffene erzielen können.[37] Diese Realität wird als Rechtswirklichkeit[38] bezeichnet, welche die tatsächliche Anwendung und Wirkung bestehender rechtlicher Regelungen erforscht, Zielabweichungen feststellt und Lebenssachverhalte bestimmt, deren Kenntnisse für eine angemessene rechtliche Regelung erforderlich sind.[39] In der Praxis kommt neben dem Recht, noch der Einfluss interdisziplinärer Wissenschaften, wie etwa der Sozialwissenschaften oder der Politik hinzu, welche die Rechtswirklichkeit formen.[40]

2. Strafen-System

Um als Gesellschaft funktionieren und bestehen zu bleiben, sollte es jedem Einzelnen ermöglicht werden am gesellschaftlichen Leben teilzunehmen und sich in diesem auch verwirklichen zu können. Hierfür wurden im Laufe der Zeit die Entwicklung bestimmter Regeln als notwendig angesehen, um solch eine Freiheit nicht auf Kosten und zum Nachteil von anderen auszuleben. Aus diesem Grund wird die Befolgung dieser Regeln von den Mitgliedern der Gesellschaft erwartet und setzt daher soziale Kontrolle voraus. Darunter wird die Überwindung von Spannungen, Konflikten und Gegensätzlichkeit einer Gesellschaft, Teilgruppe oder eines Individuums anhand von Steuerungsmitteln bezeichnet, etwa durch bestimmte Instrumente, Mechanismen und Prozesse.[41] Das Recht ist eines solcher Steuerungsmittel und zeichnet sich dadurch aus, dass es von allen Mitteln am stärksten formalisiert und rational durchgebildet wurde. Das Justizsystem genießt nicht zuletzt als eigenständiger, spezialisierter und verfassungsrechtlich abgesicherter Überwachungsstab einen allgemeinen Geltungsanspruch in der Gesellschaft.[42] Mit der Ausrufung des ewigen Landfriedens im Jahre 1495 ist das Gewaltmonopol auf den Staat übergegangen, der es seitdem einsetzt, um

---

[36] Engl.: Law in books.
[37] Boulanger/Rosenstock/Singelnstein, Zeitschrift für Rechtssoziologie 2019, 341.
[38] Engl.: Law in action.
[39] Kunz/Mona, Rechtsphilosophie, Rechtstheorie, Rechtssoziologie, Rn. 25.
[40] Clune, http://newlegalrealism.org/2013/06/12/law-in-action-and-law-on-the-books-a-primer/ (12.06.2013).
[41] Meier, Strafrechtliche Sanktionen, S. 2.
[42] Meier, Strafrechtliche Sanktionen, S. 2.

normgerechtes Verhalten zu erzwingen.[43] Der Staat setzt Sanktionsmittel ein, wenn das gesellschaftliche Zusammenleben durch bestimmte Verhaltensweisen gefährdet wird. Ist das normbrechende Verhalten für das gesellschaftliche Zusammenleben von weniger zentraler Bedeutung, so ist der Staat dem Grundsatz der Verhältnismäßigkeit zufolge verpflichtet, zunächst auf die Regelungen des Zivilrechts oder Verwaltungsrechts zurückzugreifen, bevor er sich solchen des Strafrechts bedient.[44] Strafrechtliche Sanktionierungen sind folglich immer das letzte zur Verfügung stehende Mittel der sozialen Kontrolle, um erhebliche Rechtsgutsverletzungen mit der Auferlegung eines Übels auszugleichen, um die Tat somit öffentlich zu missbilligen und dadurch Rechtsbewährung zu schaffen.[45]

Die Rechtsfolgen einer Straftat werden in Strafen und Maßnahmen bzw. Maßregeln unterteilt und erfolgen auf Grundlage eines zweispurigen Systems[46]. Strafe wird vom Staat verhängt und setzt die Schuldfähigkeit der straffälligen Person bei der Tatbegehung voraus. Davon zu unterscheiden sind die schuldunabhängigen Maßregeln, die bei einer positiven Gefährlichkeitsprognose angeordnet werden, um die Begehung zukünftiger Straftaten zum Schutz der Gemeinschaftsordnung zu verhindern.[47] Zu diesen Maßregeln wird im Folgenden nicht weiter Stellung genommen, weswegen sich stattdessen den Rechtsfolgen von Strafe gewidmet wird. Diesbezüglich sieht das Strafgesetzbuch als mögliche Rechtsfolgen für strafbares Verhalten Haupt- und Nebenstrafen vor. Zu den Hauptstrafen gehören die zeitige oder lebenslange Freiheitsstrafe gem. §§ 38 f. StGB[48] sowie die Geldstrafe nach §§ 40 ff. Unter bestimmten Voraussetzungen ist anstelle der Geldstrafe, die Ersatzfreiheitsstrafe im Sinne des § 43 abzuleisten. Eine Nebenstrafe kann lediglich zusammen mit einer Hauptstrafe verhängt werden, wobei heute nur noch das Fahrverbot im Sinne des § 44 als Nebenstrafe in Betracht kommt. Insgesamt zeigt sich, dass der Staat straffällig gewordene Personen für ihr abweichendes Verhalten mit Kosten in den Einheiten Freiheit oder Geld versieht.[49] Neben der Bestrafung hat eine strafrechtliche Verurteilung für die Menschen erhebliche Statusnachteile zur Folge: So kommen zu der Hauptstrafe oft noch Nebenfolgen hinzu, die beispielsweise den zeitweisen Verlust der Amtsfähigkeit, der Wählbarkeit und des Stimmrechts vorsehen, selbst aber keinen strafrechtlichen Charakter innehaben.[50]

---

[43] Gropp/Sinn, Strafrecht AT, Rn. 162.
[44] Frister, Strafrecht AT, 1. Kapitel, Rn. 13; Hilgendorf/Valerius, Strafrecht AT, § 1 Rn. 40.
[45] Kett-Straub/Kudlich, Sanktionsrecht, § 6 Rn. 1.
[46] MüKo/*Radtke* StGB, Vorbem. § 38 Rn. 69.
[47] Schönke/Schröder/*Kinzig* StGB, Vorbem. §§ 38 ff. Rn. 22; Lackner/Kühl/*Kühl* StGB, Vorbem. 3. Abschn. Rn. 1.
[48] Alle nachfolgenden §§ ohne Gesetzeskennzeichnung sind solche des StGB.
[49] Bögelein, Deutungsmuster von Strafe, S. 44.
[50] Frister, Strafrecht AT, 6. Kapitel, Rn. 30.

a. Geldstrafe

„Das Geld war zum Maß aller Dinge geworden, und es war nur recht und billig, wenn der Staat, der positive Privilegien in Form von Geldzuwendungen gewährte, auch die negative Sanktion eines Entzugs von Reichtum als Strafe für Gesetzesbruch einführte.[51] *"*

- Otto Kirchheimer, Georg Rusche 1939

Die Geldstrafe ist eine der ältesten Sanktionsformen der Menschheitsgeschichte, welche erstmals im Neuen Testament Erwähnung findet.[52] Ihr Potenzial wurde in der zweiten Hälfte des 19. Jahrhunderts mit dem Rückgang der Arbeitslosenquote erkannt, als der Lebensstandard der Menschen anstieg und materielle Güter allgemein einen höheren Stellenwert einnahmen.[53] Geld war fortan in seiner Funktion als Zahlungsmittel allgegenwärtig und in der Gesellschaft „zum Maß aller Dinge[54]" geworden. Die Einschränkung diesen Lebensstandards durch den Entzug wirtschaftlicher Ressourcen wurde als geeignetes Sanktionsmittel gesehen und im Jahre 1872 zunächst als Bußgeld ins Strafgesetzbuch eingeführt.[55] Die Verwendung der Geldstrafe ist seitdem über Jahrzehnte ausgedehnt worden, da sie mehrere Vorteile mit sich brachte: So konnten Menschen, die zu einer Geldstrafe verurteilt wurden – anders als bei der Freiheitsstrafe – weiterhin am täglichen Leben teilnehmen, ihrer Beschäftigung nachgehen und damit ihre Familien ernähren. Der Staat schuf sich mit der Geldstrafe eine Einnahmequelle[56] und musste weder für die hohen Vollzugskosten aufkommen noch die Arbeitskraft der Verurteilten verlieren.[57] 1969 stellte die Geldstrafe so im Zuge der großen Strafrechtsreform, neben der Freiheitsstrafe, das wichtigste Sanktionierungsinstrument dar.[58]

Heute hat die Geldstrafe die Freiheitsstrafe quantitativ überholt: 2019 wurden 567.243 Personen zu einer Geldstrafe verurteilt, was 84,7 % aller nach Erwachsenenstrafrecht Verurteilten waren.[59] Der Einsatz der Geldstrafe wird bei Vergehen im Sinne des § 12 Abs. 2 StGB mit der Intention verhängt, die eingriffstiefere Freiheitsstrafe im Bereich der unteren und mittleren Kriminalität zu ersetzen, indem sie dem Verurteilten durch Entzug wirtschaftlicher Mittel ein vergleichbares Übel zufügt.[60] Im Gegensatz zur Freiheitsstrafe, die allen Verurteilten in gleicher Weise die Freiheit

---

[51] Kirchheimer/Rusche, Punishment and Social Structure, S. 168.
[52] NK-StGB/*Albrecht*, § 40 Rn. 1.
[53] Buchstein/Klingsporn, Otto Kirchheimer, S. 340.
[54] Kirchheimer/Rusche, Punishment and Social Structure, S. 168.
[55] Bögelein, Deutungsmuster von Strafe, S. 42.
[56] Bögelein, Deutungsmuster von Strafe, S. 94.
[57] Bögelein, Deutungsmuster von Strafe, S. 45.
[58] Bögelein, Deutungsmuster von Strafe, S. 75.
[59] Statistisches Bundesamt, Fachserie 10, Reihe 3, 2020, S. 90.
[60] BeckOK StGB/*Heintschel-Heinegg*, § 40 Rn. 1.

entzieht, kann Geldstrafe eine gleichartige Strafwirkung nur durch individualisierte Geldstrafenbemessung erzielen.[61] Daher erfolgt die Bemessung der Geldstrafe seit 1975 nach dem Tagessatzsystem, dessen Intention es ist, sich an die Verhältnisse und Umstände der Verurteilten anzupassen und die Strafe proportional zu deren Einkommen zu berechnen.[62] Die Berechnung der Geldstrafe erfolgt in zwei Schritten: Zunächst wird die Zahl der Tagessätze bestimmt, die sich nach dem Schuldgehalt der Tat ermitteln lässt. Im Anschluss wird die Höhe der Tagessätze in der Regel anhand des Nettoeinkommens der verurteilten Person bestimmt.[63] Gemäß § 40 Abs. 2 S. 2, 3 können minimal 5 und maximal 360 Tagessätze verhängt werden, wobei ein Tagessatz mindestens einen und höchstens 30.000 Euro betragen kann. Die sofortige Begleichung der Gesamtsumme sollte grundsätzlich jedem Menschen, innerhalb seiner wirtschaftlichen Lage und unabhängig von seiner wirtschaftlichen Situation möglich sein. Stark verschuldeten oder finanziell schlechter gestellten Verurteilten können allerdings Zahlungserleichterungen im Sinne des § 42 gewährt werden, etwa in Form einer Zahlungsfrist oder Ratenzahlungen. Kann eine Geldstrafe trotz Zahlungserleichterungen nicht beglichen werden, so wird ihre Vollstreckung über eine Ersatzfreiheitsstrafe[64] gemäß § 43 abgesichert.

b. Ersatzfreiheitsstrafe

Die Intention der Geldstrafe ist es eine Inhaftierung bei geringwertigen Delikten zu vermeiden. Paradox wird dieses Ziel in dem Moment, in denen die Verurteilten trotz Zahlungserleichterungen nicht in der Lage sind, die Geldstrafe zu erbringen und an ihrer Stelle ersatzweise die Freiheitsstrafe tritt.[65] Die Anordnung einer Ersatzfreiheitsstrafe im Sinne des § 43 setzt voraus, dass eine Geldstrafe uneinbringlich ist. Uneinbringlichkeit ist dann gegeben, wenn die Geldstrafe im Wege der Zwangsvollstreckung unter ernsthaften und wiederholten Bemühungen der Vollstreckungsbehörde nicht nach § 459e Abs. 1, Abs. 2 StPO beigebracht werden kann, es sei denn, dass deren Betreibung als erfolglos gesehen wird. Die Betreibung ist dann erfolglos, wenn sie von Dauer ist und durch bestimmte und zeitnahe Tatsachen belegt werden kann, wie etwa bei der Einleitung eines Insolvenzverfahrens oder bereits erfolglos absolvierte Vollstreckungsversuche.[66]

Kann die Geldstrafe nicht getilgt werden, so steht dem Verurteilen im weiteren Verlauf die Möglichkeit zu, die Geldstrafe in gemeinnützige Arbeit umzuwandeln. Diese Möglichkeit, die auch

---

[61] MüKoStGB/*Radtke*, § 40 Rn. 2.
[62] Bögelein, Deutungsmuster von Strafe, S. 42.
[63] NK-StGB/*Albrecht*, § 40 Rn. 2; Lackner/Kühl/*Kühl* StGB, § 40 Rn. 3.
[64] Abkürzung: Auch EFS.
[65] Bögelein, Deutungsmuster von Strafe, S. 40.
[66] BeckOK StPO/*Coen*, § 459c Rn. 3.

unter dem Ausdruck „Schwitzen statt Sitzen" bekannt ist, beruht auf Grundlage des Art. 293 EGStGB. Danach kann der Verurteilte bei der Behörde einen Antrag auf Umwandlung der Geldstrafe in gemeinnützige Arbeit stellen und auf diese Art die verhängten Tagessätze tilgen.[67] Für die Ausgestaltung der freien Arbeit sind die Landesregierungen zuständig, so dass sich in dieser Hinsicht regionale Unterschiede innerhalb Deutschlands ergeben: So tilgen in Bremen vier Stunden gemeinnützige Arbeit einen Tagessatz, während in Nordrhein-Westfalen sechs Stunden freie Arbeit zur Tilgung geleistet werden müssen.[68] Wird solch ein Antrag weder eingereicht, noch die Arbeit angemessen verrichtet und ist die Betreibung der Geldstrafe generell als erfolglos anzusehen, so hat der Rechtspfleger gemäß § 31 Abs. 1 S. 1 RPflG eine Ersatzfreiheitsstrafe als ultima ratio anzuordnen, um eine Straflosigkeit zu vermeiden.

Die Umwandlung der Geldstrafe in die Ersatzfreiheitsstrafe richtet sich nach den Vorgaben des § 40 Abs. 1 S. 2. Ihre Dauer wird durch die Anzahl der Tagessätze bestimmt und beträgt mindestens einen und höchstens 360 Tage. Hohe Tagessätze werden bei Geldstrafen selten verhängt, weshalb eine Strafe nach § 43 eine erfahrungsgemäß kurze Freiheitsstrafe darstellt. Die durchschnittlich ermittelte Dauer der vollstreckten Ersatzfreiheitsstrafen liegt bei etwa 30 Tagen.[69] Obwohl die Ersatzfreiheitsstrafe eine ‚echte' Freiheitsstrafe ist, kann sie im Gegensatz zur Letzteren nach heutiger Rechtsprechung nicht zur Bewährung ausgesetzt werden.[70] Die Vollstreckung der Ersatzfreiheitsstrafe erfolgt in der Regel im offenen Vollzug, solange bestimmte Umstände keinen geschlossenen Vollzug erfordern.[71]

C. Auswirkungen der sozialen Ungleichheit auf die Ersatzfreiheitsstrafe

Basierend auf den zuvor erläuterten theoretischen Grundlagen widmet sich dieses Kapitel der Untersuchung, inwieweit sich die soziale Ungleichheit auf die Ersatzfreiheitsstrafe auswirkt und inwiefern diese eine Ungleichheit in der Rechtswirklichkeit von Strafe nach sich zieht.

I. Empirische Erfassung der Ersatzfreiheitsstrafe

Die strafrechtlichen Verurteilungen aller deutschen Gerichte werden vom statistischen Bundesamt gesammelt und in der Strafverfolgungsstatistik jedes Jahr veröffentlicht. Im Jahr 2019 wurden in Deutschland insgesamt 669.784 Erwachsene nach allgemeinem Strafrecht verurteilt, von denen 567.243 eine Geldstrafe begleichen mussten und 102.541 Personen eine Freiheitsstrafe verbüßen

---

[67] Wilde, Armut und Strafe, S. 190.
[68] Wilde, Armut und Strafe, S. 191.
[69] NK-StGB/*Albrecht*, § 43 Rn. 2.
[70] Bögelein, Deutungsmuster und Strafe, S. 80.
[71] Bögelein, Deutungsmuster von Strafe, S. 80.

mussten.[72] Angesichts dieser Ergebnisse stellt die Geldstrafe mit einem Anteil von rund 84,7 %
die am häufigsten verhängte Hauptstrafe dar.

1. Betroffene Bevölkerungsschichten

Die Strafverfolgungsstatistik enthält allerdings keine Angaben zur Häufigkeit von Ersatzfreiheitsstrafen. Seit 2019 erstellen die Justizvollzugsanstalten nach den neuen Vorgaben der VGO[73] einen
monatlichen Nachweis über den Bestand aller Einsitzenden am Ende eines Monats sowie über
deren Zu- und Abgänge im Berichtsmonat.[74] Diese Daten werden vom statistischen Bundesamt
zusammengetragen und im Internet unter der Bezeichnung „Bestand der Gefangenen und Ver-
wahrten in den deutschen Justizvollzugsanstalten nach ihrer Unterbringung auf Haftplätzen des
geschlossenen und offenen Vollzugs"[75] publiziert. Anhand dieser Datenerhebung lässt sich sowohl der monatliche Gefangenenbestand der deutschen Justizvollzugsanstalten bestimmen als
auch die Anzahl der Personen, die eine Ersatzfreiheitsstrafe angetreten sind. Im Jahr 2019 waren
im monatlichen Durchschnitt 73.000 Gefangene bundesweit auf 179 Gefängnisse verteilt.[76] Davon
haben etwa 45.500 eine Freiheitsstrafe verbüßt, von denen wiederum durchschnittlich 4550 Personen aufgrund einer Ersatzfreiheitsstrafe inhaftiert waren.[77] Der Gesamtanteil an dem Bestand
der Ersatzfreiheitsstrafen-Verbüßenden lag folglich bei 10 %. Da die Ersatzfreiheitsstrafe im Vergleich zu anderen Freiheitsstrafen, eine kurze Haftstrafe[78] darstellt, können ohne Angaben zur
Vollzugsdauer keine genauen Aussagen über die Gesamtzahl der EFS-Verbüßenden innerhalb eines Jahres getroffen werden. Viele Forscher gehen allerdings davon aus, dass die durchschnittliche
Vollzugsdauer einer uneinbringlichen Geldstrafe bei 30 Tagen liegt, weswegen es nicht abwegig
ist von einem jährlichen Gesamtbestand von 50.000 EFS-Inhaftierten auszugehen.[79]

Zu den sozio-strukturellen Merkmalen lässt sich aufführen, dass Frauen mit durchschnittlich 400
Inhaftierten im Monat deutlich seltener von einer Ersatzfreiheitsstrafe betroffen sind.[80] Das Durch-

---

[72] Statistisches Bundesamt, Fachserie 10, Reihe 3, 2020, S. 90.
[73] Abkürzung: Vollzugsgeschäftsordnung im Strafvollzug.
[74] Statistisches Bundesamt, Gefangenenbestandsstatistik 2019.
[75] Im Folgenden: Gefangenenbestandsstatistik.
[76] Statistisches Bundesamt, Gefangenenbestandsstatistik 2019.
[77] Statistisches Bundesamt, Gefangenenbestandsstatistik 2019.
[78] Bögelein, Deutungsmuster von Strafe, S. 84.
[79] NK-StGB/Albrecht, § 43 Rn. 2; Lorenz/Sebastian, KriPoZ 2017, 353 (356).
[80] Statistisches Bundesamt, Gefangenenbestandsstatistik 2019.

schnittsalter der Verbüßenden liegt bei 35 Jahren, wobei etwa zwei Drittel der Verbüßenden zwischen 25 und 45 Jahren alt sind.[81] Die Wahrscheinlichkeit eine Freiheitsstrafe ersatzweise anzutreten sinkt mit dem Lebensalter und steigt wiederum mit jedem zusätzlichen Tagessatz.[82] Auffällig ist, dass die Verurteilten, wenn überhaupt, eine geringe Schuldbildung aufwiesen und oftmals keinen Beruf erlernt haben.[83] Besonders häufig ist die Verbüßung der Ersatzfreiheitsstrafe bei Arbeitslosen zu verzeichnen: Untersuchungen aus dem Jahr 2018 ergaben, dass etwa 77 % vor dem Antritt der EFS arbeitslos; davon die Hälfte wiederum langzeitarbeitslos gewesen ist.[84] Aus der Analyse der Daten aller EFS-Verbüßenden in Mecklenburg-Vorpommern der Jahre 2014-2017 wird deutlich, dass sie vor Haftantritt signifikant häufiger arbeitslos gewesen sind als Strafgefangene.[85] Bei der Auswertung der Tagessätze konnte festgestellt werden, dass 95 % der Verbüßenden ein monatliches Einkommen von 1.000 Euro oder weniger hatten und nur 15 % überhaupt über ein regelmäßiges Einkommen verfügten.[86] Während bei 1 % das Vermögen verwertet werden konnte, war jede*r zehnte Inhaftierte mit mehr als 20.000 Euro verschuldet.[87]

Generell sind die Lebensbedingungen auch schon vor der Inhaftierung von multiplen Problemen geprägt, weshalb EFS-Verbüßende Forschungen zufolge als Angehörige sozialer, randständiger, persönlich isolierter Gruppen[88] gelten. Im Vergleich zur Gesamtbevölkerung treten Angststörungen und Suchtbelastungen bei Verbüßenden einer Ersatzfreiheitsstrafe deutlich häufiger auf, weswegen jeder Fünfte zu Beginn der Haft unter Entzugserscheinungen leidet.[89] In Nordrhein-Westfalen hat eine Untersuchung ergeben, dass die Verbüßenden unter starken Existenzängsten leiden, sodass grundsätzlich jeder vierte Mensch psychologische Hilfe in Anspruch nimmt und rund 15 % bei der Aufnahme in die JVA sogar als suizidgefährdet eingestuft werden.[90]

Ein weiteres Problem ist die prekäre Wohnungssituation der Verbüßenden. Die JVA Plötzensee gab an, dass im Jahre 2018 ca. 40-50 % der Personen über keinen festen Wohnsitz verfügten und entweder in sozialen Einrichtungen oder bei Bekannten lebten oder obdachlos waren.[91] Hinzu kommt, dass sie polizeilich nicht gemeldet sind, weswegen sie ein Strafbefehl postalisch nicht

---

[81] Bögelein/Ernst/Neubacher, Vermeidung von Ersatzfreiheitsstrafen, S. 29.
[82] Bögelein/Glaubitz/Neumann/Kamieth, MschrKrim 2019, 282 (284).
[83] Deutscher Bundestag, Drucksache 19/1689 vom 03.04.2019, S. 71.
[84] Bögelein/Glaubitz/Neumann/Kamieth, MschrKrim 2019, 282 (284).
[85] Bögelein/Glaubitz/Neumann/Kamieth, MschrKrim 2019, 282 (288).
[86] Bögelein/Glaubitz/Neumann/Kamieth, MschrKrim 2019, 282 (294).
[87] Bögelein/Glaubitz/Neumann/Kamieth, MschrKrim 2019, 282 (294).
[88] Bögelein, Deutungsmuster von Strafe, S. 90.
[89] Müller-Foti/Robertz/Schildbach/Wickenhäuser, International Journal of Prisoner Health 2007, 87 (89).
[90] Deutscher Bundestag, Drucksache 19/1689 vom 03.04.2019, S. 8.
[91] Deutscher Bundestag, Drucksache 19/1689 vom 03.04.2019, S. 70.

erreicht und sie daher bis zu ihrer Ergreifung über einen erlassenen Haftbefehl weder Kenntnis vom Strafbefehl noch einer drohenden Vollstreckung hatten.

2. Typische Straftaten

Die Ersatzfreiheitsstrafe kommt zum Einsatz, wenn die Geldstrafe nicht erbracht werden kann und ist ebenso wie letztere nur bei Vergehen nach § 12 Abs. 2, also Straftaten die im Mindestmaß mit einer Freiheitsstrafe unter einem Jahr oder mit einer Geldstrafe bedroht sind, zu verhängen. Anhand von Datenerhebungen konnten in der Tat bestimmte Straftaten ermittelt werden, bei denen anstelle der Geldstrafe ersatzweise die Freiheitsstrafe vollzogen wurde. Den Untersuchungen von Bögelein, Ernst und Neubacher aus dem Jahr 2014 zufolge waren etwas über 20 % aller EFS-Verbüßenden aufgrund von Vermögensdelikten inhaftiert, dicht gefolgt von der Leistungserschleichung mit einem Anteil von 19 %. Etwa 15 % hatten die Geldstrafe wegen Straßenverkehrsdelikten, 12 % wegen Betruges, Untreue und Hehlerei, rund 9 % wegen Verstößen gegen das Betäubungsmittelgesetz und weitere 5 % aufgrund von Körperverletzungen.[92] Im Gegensatz dazu waren Steuerdelikte oder Delikte gegen die Abgabeordnung mit 0,7 % am wenigsten vertreten. Daran kann eine klare Tendenz zu sogenannten ‚Armutsdelikten‘ festgestellt werden kann, die meist von Personen verübt werden, die nicht über finanzielle Ressourcen verfügen, wogegen ‚Reichtumsdelikte‘, wie Steuerdelikte einen Zugang zu einem gewissen Maß an finanziellen Ressourcen erfordern.[93]

II. Beispiel: Geldstrafe und Ersatzfreiheitsstrafe im Vergleich

Jede Person, die hin und wieder die öffentlichen Nahverkehrsmittel nutzt kennt die Situation, wenn die zunächst unscheinbar gekleideten Frauen und Männer durch die Gänge den Satz: „Die Fahrausweise bitte!" rufen. Plötzlich verändert sich die gesamte Situation: Die Menschen schrecken hoch, Gespräche werden beendet, jede*r fängt an in seinen Taschen nach dem Fahrschein zu suchen. Besonders beklemmend ist das Gefühl, wenn einem selbst bewusst wird, dass man über keine gültige Fahrkarte verfügt – aus welchen Gründen auch immer. Für viele, ein unangenehmer Moment, sodass einige weiter verzweifelt in der Tasche nach dem nicht vorhandenen Fahrschein ‚suchen‘ oder sich andere Ausreden einfallen lassen, warum sie nicht im Besitz eines gültigen Tickets sind. Es liegt aber nicht nur am Stress, oder den Blicken, die auf einen gerichtet sind, sondern vor allem an dem Umstand, dass das Portemonnaie spätestens in 14 Tagen, um 60 Euro leichter werden wird. Besonders gravierend ist die Situation für Personen, die mehrmals infolge ohne Fahrausweis vorgefunden wurden und nun mit einer Anzeige rechnen müssen. Anhand des

---

[92] Bögelein/Ernst/Neubacher, Vermeidung von Ersatzfreiheitsstrafen, S. 29.
[93] Bögelein/Ernst/Neubacher, Vermeidung von Ersatzfreiheitsstrafen, S. 29.

vorliegenden Beispiels werden die unterschiedlichen Auswirkungen auf die Lebensbedingungen bei Zahlung der Geldstrafe und bei der Umwandlung in die Ersatzfreiheitsstrafe dargestellt und im Anschluss die Folgen für den Staat beleuchtet.

1. Allgemeines

Der Fahrgast erklärt sich beim Einsteigen in das Beförderungsmittel mit den Beförderungsbedingungen des Verkehrsunternehmens konkludent einverstanden. Diese setzen u.a. voraus, dass eine Person vor Antritt der Fahrt über einen gültigen Fahrschein verfügt. Ein erhöhtes Beförderungsentgelt von 60 Euro ist erst dann zu entrichten, wenn der Fahrgast ohne gültigen Fahrausweis vorgefunden wird. Bei dem sogenannten ‚Schwarzfahren' handelt es sich um die Beförderungserschleichung im Sinne des § 265a I Var. 3, einer Straftat, die bei wiederholtem Mal zur Anzeige gebracht werden kann. Für eine Strafbarkeit setzt die Norm voraus, dass sich Personen die Beförderung unentgeltlich durch ein Verkehrsmittel erschleichen. Eine Beförderungsleistung erschleicht, wer sie durch Umgehen oder Überwinden eines Hindernisses unentgeltlich erlangt und dabei die Absicht verbirgt, das Entgelt nicht oder nicht voll zu entrichten.[94] Der Tatbestand ist beim einfachen Schwarzfahren jedenfalls nach ständiger Rechtsprechung dann erfüllt, wenn jmd. ein Verkehrsmittel ohne gültigen Fahrausweis benutzt und sich dabei unauffällig verhält.[95] Im Regelfall zeigen die Verkehrsunternehmen eine Beförderungserschleichung nach dem dritten Mal an, wobei es auch solche gibt, die eine Null-Toleranz-Politik verfolgen und daher jedes Schwarzfahren zur Anzeige bringen. Die strafrechtliche Verfolgung erfolgt grundsätzlich nur auf Antrag, weshalb die Behörden selbst nur tätig werden, wenn ein besonderes öffentliches Interesse an der Verfolgung gegeben ist. Eine Tat nach § 265a Abs. 1 ist mit einer Freiheitsstrafe unter einem Jahr oder eine Geldstrafe zu bestrafen und stellt folglich ein Vergehen dar. Bei etwa 90 % der Angeklagten wird ein Strafbefehl erlassen, der den Angeklagten auf postalischem Wege zugesendet wird.

2. Auswirkungen auf die Lebensbedingungen bei Tilgung

Auch bei Personen, die über stabile Einkommensverhältnisse verfügen, wird die Strafe entsprechend an deren wirtschaftliche Lage angepasst, um eine entsprechende Übelzufügung zu gewährleisten. Schätzungen zufolge verkraften vermögendere Personen die Tilgung der Geldstrafe leichter, da sie über Möglichkeiten wie Rücklagen oder sonstiges einsetzbares Vermögen verfügen.[96] Das Justizsystem kann nicht überwachen von wem das Geld tatsächlich kommt, weshalb das

---

[94] Lackner/Kühl/*Heger* StGB § 265a Rn. 6a.
[95] BeckOK StGB/*Valerius*, § 265a Rn. 21.
[96] BeckOK StGB/*Heintschel-Heinegg*, § 40 Rn. 6.

15

Höchstpersönlichkeitsprinzip bei der Geldstrafe nicht gilt und daher diejenigen im Vorteil sind, die über finanziell abgesicherte Familienmitglieder oder Bekannte verfügen, die die Geldstrafe für einen tilgen können.[97] Mit der Begleichung der Geldschuld werden die Verurteilten weder aus ihrem sozialen Umfeld herausgerissen noch in ihrer Erwerbfähigkeit eingeschränkt, weshalb sie in dieser Zeit weiterhin Einkommen erzielen können. Die Betroffenen müssen kein soziales Stigma befürchten, da die Strafe für Außenstehende, im Gegensatz zur Freiheitsstrafe, nicht sichtbar ist und ihr Ansehen innerhalb der Gesellschaft davon nicht berührt wird.[98] Des Weiteren werden Geldstrafen unter 90 Tagessätzen im Sinne des § 32 Abs. 2 Nr. 5a BZRG nicht ins Führungszeugnis aufgenommen, weshalb sie vor den Justizbehörden deshalb als ‚nicht vorbestraft' gelten, sofern keine weiteren Einträge im Bundeszentralregisterauszug hinzukommen. Bis auf die Einschränkungen durch die finanziellen Verhältnisse sind die Personen, die eine Geldstrafe tilgen nicht weiter in ihrer alltäglichen Lebensführung gehindert.

3. Auswirkungen auf die Lebensbedingungen bei Umwandlung in eine EFS

Aus der vorherigen Ausführung zu der empirischen Erfassung zeigt sich, dass die Geldstrafe sich auf Personen mit instabilen Einkommensverhältnissen besonders negativ auswirkt. Die durchschnittliche Haftdauer im Rahmen der Verurteilung wegen Schwarzfahrens beträgt 40 Tage.[99] Gegen den Strafbefehl können die Angeklagten binnen zwei Wochen nach Zustellung Einspruch einlegen, welcher in der Regel aufgrund der zuvor geschilderten Wohnungssituation nicht erfolgt. Dies hat in vielen Fällen zur Folge, dass die Höhe der Geldstrafe nicht auf Grundlage der tatsächlichen Lebensumstände der Angeklagten, sondern nach der Aktenlage festgelegt wird, hierdurch zu hoch ausfällt und somit erst recht nicht getilgt werden kann. Zudem findet im Strafbefehlsverfahren ohne Einspruch des Angeklagten keine Hauptverhandlung statt, weshalb keine umfangreichen Aussagen zu der Schuldfähigkeit der Betroffenen gemacht werden können. Psychische Erkrankungen, die eine solche eventuell in Frage stellen könnten, werden daher nicht erkannt.[100] Insgesamt wird deutlich, dass die Betroffenen nur geringe psychosoziale Unterstützung erhalten und nicht ausreichend über ihre Rechte informiert werden, geschweige ausreichenden Rechtsbeistand gestellt bekommen. Die soziale Situation, in der sie sich befinden ist meist derart instabil, weshalb sie mit dem Ableisten gemeinnütziger Arbeit zur Abwendung der Inhaftierung überfordert sind und stattdessen eine Ersatzfreiheitsstrafe verbüßen.[101] Die Verurteilten werden infolge

---

[97] Bögelein, Deutungsmuster von Strafe, S. 57 f.
[98] Bögelein/Glaubitz/Neumann/Kamieth, MschrKrim 2019, 282 (283).
[99] Deutscher Bundestag, Drucksache 19/1689 vom 03.04.2019, S. 70.
[100] Deutscher Bundestag, Drucksache 19/1689 vom 03.04.2019, S. 71.
[101] Maelicke/Suhling/*Treig*/*Pruin*, Das Gefängnis auf dem Prüfstand, S. 326.

der EFS nicht nur aus ihrem sozialen Umfeld gerissen, sondern erfahren im allgemeinen Ausgrenzung und Diskriminierung, da sie nach außen als Straftäter*innen erkennbar werden. Sie verlieren nicht nur die Anerkennung in der Gesellschaft, sondern auch möglicherweise die der eigenen Familie. Viele Inhaftierte müssen nicht nur mit dem Verlust der sozialen Beziehungen aufgrund des durch den Freiheitsentzug genommenen Lebenszeit rechnen, sondern auch mit dem der Wohnung oder des Arbeitsplatzes. Während Geldstrafenzahler*innen weiterhin Einkommen erzielen können, haben Personen, die vor ihrer Inhaftierung auf Leistungen des Staates angewiesen waren über die Zeit in Haft keinen Anspruch auf Arbeitslosengeld II.[102] Da die überwiegende Mehrheit der EFS-Verbüßenden armutsgefährdet ist, ist vor diesem Hintergrund auch nicht überraschend, dass sich deren Lebensbedingungen während der Haftzeit verschlimmern können.

4. Folgen der Ersatzfreiheitsstrafe für den Staat

Im Falle des Schwarzfahrens sinken die Einnahmen der ÖPNV-Unternehmen in Deutschland jedes Jahr um 250 Millionen Euro.[103] Die Bundesregierung sieht in der EFS daher ein unerlässliches Instrument zur Durchsetzung der Geldstrafe, um die Verbüßenden für Bagatelldelikte wie der Leistungserschleichung nicht straflos zu stellen. So verbüßen Personen für Tagessatzhöhen von drei bis fünf Euro eine Ersatzfreiheitsstrafe, während jeder Hafttag den Justizhaushalt 150 Euro pro Person kostet.[104] In einem Jahr sind es rund 200 Millionen Euro, die der Staat an Haftplätzen für Personen ausgibt, die nicht im Stande sind aus monetären Gründen die Geldstrafe zu begleichen.[105] Auch die Vollzugsanstalten sind immer weniger in der Lage zusätzlich EFS-Verbüßende aufzunehmen, da sie aufgrund steigender Kriminalität und zusätzlichen Strafverschärfungen überfüllt sind.[106]

5. Stellungnahme

Anhand der soeben dargestellten Auswirkungen der Geldstrafe und der bei ihrer Uneinbringlichkeit eingesetzten Ersatzfreiheitsstrafe sind deutliche Ungleichheiten im System zu erkennen. Durch die Inhaftierung geht die Nähe zur eigentlichen Geldstrafe verloren, die gleichzeitig eine Distanz zur Freiheitsstrafe herstellt. So kann die Ersatzfreiheitsstrafe im Gegensatz zur Freiheitsstrafe nicht schon nach zwei Monaten Verbüßung auf Bewährung ausgesetzt werden. Dies erscheint plausibel, da in § 57 Abs. 1 ausdrücklich von der zeitigen Freiheitsstrafe und nicht von der

---

[102] LSG Baden-Württemberg Urt. v. 7.10.2009 – L 3 AS 668/09.
[103] Deutscher Bundestag, Protokoll-Nr. 19/97 vom 13.01.2021, S. 9.
[104] Deutscher Bundestag, Drucksache 19/1689 vom 03.04.2019, S. 12.
[105] Deutscher Bundestag, Drucksache 19/1689 vom 03.04.2019, S. 15.
[106] Statistisches Bundesamt, Gefangenenbestandsstatistik 2019.

in eine EFS umgewandelten Geldstrafe die Rede ist.[107] In der Rechtswirklichkeit entspricht die Ersatzfreiheitsstrafe für die Verurteilten mit der Inhaftierung nach außen hin dennoch einer zeitigen Freiheitsstrafe, auf die ihre Regeln aber nicht angewendet werden können, da sie immer abhängig von der verhängten Geldstrafe bleibt. Weiterhin ist die Ersatzfreiheitsstrafe unvereinbar mit dem § 47, welcher normiert, dass kurze Freiheitsstrafen, also solche unter sechs Monaten vermieden werden sollen und nur ausnahmsweise gem. § 47 Abs. 1 verhängt werden, wenn besondere Umstände der Tat oder der Täter*in dies erfordern. So möchte der Gesetzgeber mit dieser Norm verdeutlichen, dass kurze Freiheitsstrafen nur ultima ratio eingesetzt werden dürfen, während er diese Regelungen auf die Ersatzfreiheitsstrafe – die unter diese Kategorie mit einer durchschnittlichen Dauer von 30 Tagen fällt – wegen der Nähe zur Geldstrafe nicht anwendet. Das Argument, dass bei kurzen Freiheitsstrafen nicht genügend Zeit für ernsthafte Resozialisierungsmaßnahmen bleibt und eine Inhaftierung aus diesen Gründen unter Umständen vermieden werden sollte kann am Beispiel der Ersatzfreiheitsstrafe verdeutlicht werden: Tatsächlich befinden sich die EFS-Verbüßenden oftmals in einer so schlechten psychischen und gesundheitlichen Verfassung, dass die umgehend Hilfe von spezialisierten Personal erforderlich ist, um mit ihnen gemeinsam ihre allgemeine Lebenssituation zu ordnen, sich um einen Therapieplatz oder um einen Wohnsitz kümmern zu können. Die Beratung und Umsetzung dieser Maßnahmen nimmt allerdings wochenlang Zeit in Anspruch und erfordert gegenseitiges Vertrauen, weshalb sie in durchschnittlich 30 Tagen nicht bewerkstelligt werden kann. So erfahren die Betroffenen im Laufe der Ersatzfreiheitsstrafe nur negative Aspekte der Inhaftierung, die Personen mit zeitigen Freiheitsstrafen ermöglicht werden.

Angesichts der ursprünglich verhängten Geldstrafe und der damit implizierten ‚Ungefährlichkeit' der Verbüßenden würde sich der offene Vollzug im Verhältnis zum geschlossenen als die geeignetere Alternative darstellen. Die Analysen der Gefangenenbestandsstatistik zeigen dennoch, dass sich im September 2019 rund 18,6 % der EFS-Verbüßenden im offenen Vollzug befanden.[108] Dies wird häufig mit der fehlenden Geeignetheit für den offenen Vollzug aufgrund der Drogen- und Alkoholabhängigkeiten begründet. Der Anteil, der EFS-Verbüßenden, die sich im geschlossenen Vollzug befinden sind somit durch die hohen Sicherheitsstandards ‚überschützt' und daher hohen psychosozialen Belastungen ausgesetzt.[109]

Schließlich gefährdet nicht die Lösung der Betroffenen aus ihrem sozialen Umfeld ihre sozialen Bindungen, sondern auch deren Existenz, weshalb die Verurteilten nach Haftentlassung noch mehr

---

[107] Doller, ZRP 1978, 55 (56).
[108] Statistisches Bundesamt, Gefangenenbestandsstatistik 2019.
[109] Maelicke/Suhling/*Treig*/*Pruin*, Das Gefängnis auf dem Prüfstand, S. 326.

Problemen ausgesetzt sind.[110] Dem Staat scheint es vielmehr darum zu gehen, die Täter*innen nicht der Straflosigkeit auszusetzen und ihnen mit der Freiheitsberaubung dennoch ein vergleichbares Übel zuzufügen. Damit sind EFS-Verbüßende einer härteren Strafe ausgesetzt als Personen, die über Ressourcen des materiellen Wohlstands verfügen, obwohl sie im Endeffekt für dasselbe Delikt bestraft wurden. So zeigt sich erneut, dass der Besitz materieller Güter positive Auswirkungen auf die Lebensbedingungen der Menschen auch im Justizsystem hat.

Schließlich könnte das Geld, welches für die Ersatzfreiheitsstrafe ausgegeben wird, sowohl aus kriminalpolitischer und gesellschaftlicher Sicht erheblich ressourceneffizienter angelegt werden. Dadurch könnten Haftvermeidungsprojekte wie „Schwitzen statt Sitzen" gefördert werden, die den Justizhaushalt einen Gesamtbetrag von 130.000 Euro kosten würden.[111] Vor dem Hintergrund, dass allein in Nordrhein-Westfalen im Haushaltsjahr 2019 rund 1,3 Milliarden Euro[112] unter anderem durch Geldstrafen und Geldbußen eingenommen hat, könnten Überlegungen angestrebt werden, die öffentlichen Nahverkehrsmittel für jedermann kostenlos zugänglich zu machen.

D.   Fazit

Anhand der dargestellten Ausführungen wurde soeben die Diskrepanz zwischen Theorie und Wirklichkeit der Geldstrafe beschrieben. Obwohl die Einführung der Geldstrafe in der Absicht erfolgte die Freiheitsstrafe bei geringfügigen Delikten abzulösen, konnte zu dieser Zeit noch nicht vorhergesehen werden, welches Ausmaß materielle Ressourcen eines Tages in unserer heutigen marktwirtschaftlich orientierten Gesellschaft haben werden. Das Beispiel der Ersatzfreiheitsstrafe hat noch einmal verdeutlicht, dass soziale Ungleichheiten alle Lebensbereiche, auch solche des Strafen-Systems betreffen. Da den Betroffenen keine finanziellen Mittel zur Verfügung stehen versucht der Staat aus seiner Notlage heraus, ihm die Freiheit, als einzige verbleibende Ressource zu nehmen. Die Vollstreckung der Ersatzfreiheitsstrafe ist nicht ressourceneffizient und kann daher folglich nur dem Zweck dienen, die Verurteilten nicht der Straflosigkeit auszusetzen. Von allen sozialen Gruppen sind aber gerade diejenigen, die nicht über die nötigen finanziellen Mittel verfügen, am schlechtesten gestellt. Die Lebensbedingungen werden infolge der Ersatzfreiheitsstrafe oftmals nur verschlechtert, was dazu führt, dass die Ungleichheiten innerhalb der Bevölkerung zunehmen und zu einer Ungerechtigkeit mutieren. Eine Straflosigkeit mittelloser Personen

---

[110] Kett-Straub/Kudlich, Sanktionsrecht, § 7 Rn. 2.
[111] Deutscher Bundestag, Drucksache 19/1689 vom 03.04.2019, S. 14.
[112] https://www.haushalt.fm.nrw.de//grafik/index.php?type=1 (zuletzt aufgerufen am 21.04.2021)

könnte allerdings zu einer Schlechterstellung derjenigen führen, die über stabile finanzielle Verhältnisse verfügen. Damit würde sich das Ungleichheitsgefüge wiederum verschieben, weswegen es geeignete Alternativen bedarf, um diesem entgegen zu wirken.

BEI GRIN MACHT SICH IHR WISSEN BEZAHLT

- Wir veröffentlichen Ihre Hausarbeit,
  Bachelor- und Masterarbeit

- Ihr eigenes eBook und Buch -
  weltweit in allen wichtigen Shops

- Verdienen Sie an jedem Verkauf

Jetzt bei www.GRIN.com hochladen
und kostenlos publizieren